AUTORES:

JOSÉ MARÍA CAÑIZARES MÁRQUEZ
CARMEN CARBONERO CELIS

COLECCIÓN OPOSICIONES MAGISTERIO: EDUCACIÓN FÍSICA

COORDINACIÓN Y EQUILIBRIO:
CONCEPTO Y ACTIVIDADES PARA SU DESARROLLO.
(VOLUMEN 7)

WANCEULEN
Editorial Deportiva

COLECCIÓN OPOSICIONES MAGISTERIO: EDUCACIÓN FÍSICA

VOLUMEN 7.

COORDINACIÓN Y EQUILIBRIO. CONCEPTO Y ACTIVIDADES PARA SU DESARROLLO

AUTORES

José Mª Cañizares Márquez

- Catedrático de Educación Física
- Tutor del Módulo del Practicum del Master de Secundaria
- Especialista en preparación de opositores
- Autor de numerosas obras sobre Educación y Preparación Física

Carmen Carbonero Celis

- D. E. A. en Instituciones Educativas
- Licenciada en Pedagogía
- Maestra de Primaria y Secundaria en centros de Educación Compensatoria
- Didacta presencial del Módulo de Pedagogía General en el CAP
- Profesora de Pedagogía Terapéutica en Centro Educación Primaria

Título: COORDINACIÓN Y EQUILIBRIO. CONCEPTO Y ACTIVIDADES PARA SU DESARROLLO.

Autores: José Mª Cañizares Márquez y Carmen Carbonero Celis

Editorial: WANCEULEN EDITORIAL DEPORTIVA, S.L.

C/ Cristo del Desamparo y Abandono, 56   41006 SEVILLA

Dirección web: www.wanceulen.com

I.S.B.N.: 978-84-9993-478-5

Dep. Legal:

© Copyright: WANCEULEN EDITORIAL DEPORTIVA, S.L.

Primera Edición: Año 2016

Impreso en España:

Reservados todos los derechos. Queda prohibido reproducir, almacenar en sistemas de recuperación de la información y transmitir parte alguna de esta publicación, cualquiera que sea el medio empleado (electrónico, mecánico, fotocopia, impresión, grabación, etc), sin el permiso de los titulares de los derechos de propiedad intelectual. Cualquier forma de reproducción, distribución, comunicación pública o transformación de esta obra solo puede ser realizada con la autorización de sus titulares, salvo excepción prevista por la ley. Diríjase a CEDRO (Centro Español de Derechos Reprográficos, www.cedro.org) si necesita fotocopiar o escanear algún fragmento de esta obra.

ÍNDICE

Presentación de la Colección.

Introducción

1. ASPECTOS COMUNES A TENER EN CUENTA EN EL EXAMEN ESCRITO.

    1.1. Criterios de corrección y evaluación que siguen los tribunales.
    1.2. Consejos sobre cómo estudiar los temas. Estrategias.
    1.3. Recomendaciones para la realización del examen escrito. Estrategias.
    1.4. Modelo estandarizado de presentación de examen escrito.
    1.5. Partes estándares a todos los temas.

2. COORDINACIÓN Y EQUILIBRIO. CONCEPTO Y ACTIVIDADES PARA SU DESARROLLO

COLECCIÓN OPOSICIONES DE MAGISTERIO. ESPECIALIDAD DE EDUCACIÓN FÍSICA

PRESENTACIÓN DE LA COLECCIÓN

Los autores, con muchos años de experiencia en la preparación de oposiciones, hemos plasmado en esta Colección multitud de argumentos y detalles con la finalidad de que cada persona interesada en acceder a la función pública conozca minuciosamente todos los pormenores de la preparación.

La Colección está compuesta por una treintena de volúmenes, de los que veinticinco están dedicados a otros tantos capítulos del temario, y los cinco restantes a cómo hacer y exponer oralmente la programación didáctica y las UU. DD., así como a resolver el examen práctico escrito.

Los destinados a los temas llevan incorporados unos aspectos comunes previos sobre cómo hay que estudiarlos y consejos acerca de cómo realizar el ejercicio escrito.

Los aplicados al examen oral: defensa de la programación y exposición de las U.D.I., también llevan un capítulo referente a cómo es mejor hacer la expresión verbal, el mensaje expresivo, el esquema en la pizarra, etc.

Es decir, los autores no nos hemos ceñido a publicar un temario para las dos pruebas escritas (tema y casos prácticos) y las dos orales (programación y unidades). Hemos querido hacer partícipe de las técnicas que hemos seguido estos años y que tan buen resultado nos han dado, sobre todo a quienes sacaron plaza merced a su propio esfuerzo. No obstante, debemos destacar un aspecto capital: ratio del tribunal, es decir, ¿con cuántos opositores me tengo que "pelear" para conseguir la plaza?

Ya podemos ir perfectamente preparados, que si un tribunal tiene dos plazas para dar y hay diez opositores con un diez... la suerte de tener una décima más o menos en la fase de concurso nos dará o quitará la plaza.

Por otro lado, es conocido que desde hace año en España tenemos diecisiete "leyes de educación", es decir, una por autonomía, además de la que es común para todos y que, como las autonómicas, depende del partido político que gobierne en ese momento. No podemos obviar que la Educación y todo lo que le rodea -incluidos opositores- es un aspecto más de la política, si bien entendemos debería ser justo lo contrario. La formación de nuestros hijos no debe estar en función de unas siglas de unos partidos políticos, porque cuando uno consigue el poder, elimina por sistema lo hecho por el anterior, esté mejor o peor. Ejemplos, por desgracia, hay muchos desde la LOGSE/1990. Así pues, abogamos por un Pacto Educativo que incluya, lógicamente, a opositores y al Sistema de Acceso a la Docencia.

Esto trae consigo que, forzosamente, debamos basarnos en una línea de elementos legislativos. En nuestro caso, además de la nacional, nos remitimos a la de Andalucía. Por ello, las personas opositoras que nos lean deberán adecuar las citas legislativas autonómicas que hagamos a las de la comunidad/es donde acuda a presentarse a las oposiciones docentes.

Para cualquier información corta, los autores estamos a disposición de las personas lectoras en:

oposicionedfisica@gmail.com

INTRODUCCIÓN

Este volumen tiene dos partes claramente diferenciadas:

a) Por un lado tratamos diversos aspectos comunes a todos los temas escritos. Es decir, nos centramos en cómo hay que estudiarlos a partir de los propios criterios de valoración del examen que indica la Consejería de Educación de la Junta de Andalucía, y que suelen ser similares a los de otras autonomías. También incluimos los criterios de otras comunidades, pero no de todas porque se nos haría interminable.

Esta parte también incluye una serie de consejos acerca de cómo estudiar los temas, cuestión que no es baladí porque el opositor está muy limitado por el tiempo disponible para realizarlo.

Esto nos lleva a siguiente punto, el "perfil" de cada opositor, su capacidad grafomotriz muy a tener en cuenta para que en el tiempo dado seamos capaces de tratar el tema elegido con una estructura adecuada a los criterios de evaluación que el tribunal va a usar en la corrección.

Es muy corriente el comentario de "mientras más sepas, más nota sacas y más posibilidades de obtener plaza tienes". Esto trae consigo, en muchas ocasiones, que el opositor se encuentre con "montañas de papeles" sin estructurar, sin saber si un documento reitera lo de otro, sin dominar la capacidad de síntesis ante tanto volumen de definiciones, clasificaciones, teorías, opiniones, etc.

La realidad es muy distinta. El opositor debe llevar preparado al menos veinticuatro documentos (para tener el 100% de que le va a salir en el sorteo un tema estudiado concienzudamente), con la información muy exacta de lo que le da tiempo a escribir correctamente desde todos los puntos: científico, legislativo, autores, estructura del propio examen, sintaxis, ortografía, etc.

Muchas veces nos han preguntado por el conocimiento de los tribunales, si están al día, etc. Nuestra respuesta ha sido siempre la misma: "sabrán más o menos de cada uno de los veinticinco temas, lo leerán con más o menos detenimiento, pero seguro que lo que más saben es corregir escritos porque lo hacen a diario en sus aulas, de ahí que debamos prestar la máxima atención a estos aspectos formales". Para ello añadimos al final una hoja-tipo.

Completamos este primer capítulo con una tabla de planificación semanal que debemos hacer desde un principio para "obligarnos" y seguirla con disciplina espartana, si de verdad queremos tener éxito.

b) Por otro, el Tema 7 totalmente actualizado a fecha de hoy. La persona opositora debe, una vez conozca el volumen de contenidos que es capaz de escribir, hacer un resumen equitativo de cada punto y "cuadrarlo" a su capacidad grafomotriz. A partir de aquí, a estudiarlo... pero escribiéndolo ya que la nota nos la van a poner por lo que escribamos y cómo expresemos esos contenidos. Pero, si en la comunidad donde nos examinemos, el escrito hay que leerlo al tribunal, de nuevo lo haremos, cuanto antes mejor, para ensayar la lectura y que determinadas palabras no se nos "atraganten".

CRITERIOS DE CORRECCIÓN Y EVALUACIÓN QUE SIGUEN LOS TRIBUNALES

Consideramos imprescindible saber **previamente** cómo nos va a evaluar el Tribunal para realizar el examen con respecto a los ítem que va a tener en cuenta. Aportamos varios **modelos** que han transcendido y que, básicamente, se diferencian en la **formulación** de las consideraciones y en su valoración, no en el **fondo**.

CRITERIOS DE EVALUACIÓN EN ANDALUCÍA.

La Consejería de Educación de la Junta de Andalucía informa a los sindicatos, en mayo de 2007, sobre un "borrador" de criterios de evaluación para el "Concurso Oposición al Cuerpo de Maestros 2007". Posteriormente, como pudimos comprobar esa convocatoria y las siguientes, estos criterios se hicieron "firmes".

Transcribimos literalmente los cinco puntos a considerar sobre el tema escrito:

CRITERIOS GENERALES TEMA ESCRITO

Estructura del tema.

- a) Presenta un índice.
- b) Justifica la importancia del tema.
- c) Hace una introducción del mismo.
- d) Expone sus repercusiones en el currículum y en el sistema educativo.
- e) Elabora una conclusión acorde con el planteamiento del tema.

Contenidos específicos.

- a) Adapta los contenidos al tema.
- b) Secuencia de manera lógica y clara sus apartados.
- c) Argumenta los contenidos.
- d) Profundiza en los mismos.
- e) Hace referencia al contexto escolar.

Expresión.

- a) Muestra fluidez en la redacción.
- b) Hace un uso correcto del lenguaje, con una buena construcción semántica.
- c) Emplea de forma adecuada el lenguaje técnico.

Presentación.

- a) Presenta el escrito con limpieza y claridad.
- b) Utiliza un formato adecuado teniendo en cuenta el apartado 4 del artículo 7.4.1. de la Orden de 24 de marzo de 2007, BOJA nº 60 del 26/03/2007.
  Nota: Se refiere a aspectos formales tales como no firmar el examen, entregarlo en un sobre con etiquetas, etc.

Bibliografía/Documentación.

- a) Fundamenta los contenidos con autores o bibliografía.
- b) Sitúa el tema en el marco legislativo pertinente.

La Consejería de Educación de la Junta de Andalucía informa a los sindicatos, en **junio de 2015**, sobre los criterios de evaluación para el "Concurso Oposición al Cuerpo de Maestros 2015". Transcribimos literalmente los cuatro puntos a considerar sobre el tema escrito:

CRITERIOS GENERALES A TENER EN CUENTA EN LA CORRECCIÓN DEL TEMA ESCRITO (JUNIO 2015).

1. Estructura del tema.

a) Secuencia de manera lógica y clara cada uno de los apartados del tema
b) Expone con claridad

2. Contenidos.

a) Argumenta y justifica científicamente los contenidos
b) Conoce y tarta con profundidad el tema
c) Realiza una transposición didáctica de la teoría expuesta a la práctica
d) Fundamenta los contenidos con autores y bibliografía que realmente hagan referencia al contenido en cuestión, así como a la normativa vigente

3. Expresión.

a) Redacta con fluidez
b) Usa correctamente el lenguaje y presenta una adecuada construcción sintáctica
c) Usa con propiedad el lenguaje técnico específico de la especialidad
d) No se aprecian divagaciones, reiteraciones, etc.

4. Presentación.

a) El ejercicio es legible: no hay que estar deduciendo qué quiere decir ni traduciendo el texto
b) Se observa limpieza y claridad en el ejercicio
c) Usa un formato adecuado

CRITERIOS GENERALES A TENER EN CUENTA EN LA CORRECCIÓN DEL TEMA ESCRITO
(Comunidad de Castilla-La Mancha)

Los criterios de evaluación del tema escrito (Comunidad de Castilla-La Mancha), que tuvieron los tribunales en cuenta en la convocatoria de 2007 y que fueron establecidos por la Comisión de Selección de la Especialidad de Educación Física, son:

CRITERIOS PARA EVALUAR EL TEMA ESCRITO. PARTE "A"	Puntuación
1.- Introducción, justificación, índice y mapa conceptual.	(MÁXIMO 1,5 puntos)
2.- Contenidos específicos	
2.1.- Trata todos los epígrafes del tema. 2.2.- Adecuación de los contenidos al tema. Los contenidos se ajustan al tema. 2.3.- Profundización de los mismos. 2.4.- Organización lógica y clara en cada punto. Atendiendo al índice. 2.5.- Argumentación de los contenidos. 2.6.- Referencia al contexto escolar. 2.7.- Relaciona con otros temas del currículum. 2.8.- Originalidad y creatividad en el tema.	(MÁXIMO 6,5 puntos)
3.- Bibliografía	
3.1.- Bibliografía específica del tema. Cita autores y hace referencias bibliográficas. 3.2.- Aspectos legislativos. Hace referencia a la legislación nacional y autonómica.	(MÁXIMO 0,75 puntos)
4.- Conclusión y valoración personal	(MÁXIMO 0,75 puntos)
5.- Aspectos formales. Presentación, estructura, organización, uso de vocabulario técnico.	(MÁXIMO 0,5 puntos)
6.- Errores	
a. Divagaciones b. Faltas de ortografía c. Errores garrafales	SE VALORARÁ NEGATIVAMENTE POR PARTE DEL TRIBUNAL
Total	10 Puntos.

OTROS CRITERIOS GENERALES A TENER EN CUENTA EN LA CORRECCIÓN DEL TEMA ESCRITO

Otros tribunales siguieron unos criterios de evaluación del examen escrito como los que ahora reflejamos:

		CRITERIOS PARA EVALUAR EL TEMA ESCRITO	
1		Introducción, índice y mapa conceptual	Máximo 1 punto
2		Nivel de contenidos	Máximo 5 puntos
	2.1.	Trata todos los epígrafes del tema	
	2.2.	Los contenidos se ajustan al temario	
	2.3.	Relaciona con otros temas del curriculum	
	2.4.	Hace referencia a la legislación nacional y autonómica	
	2.5.	Cita autores y/o referencias bibliográficas	
3		Aspectos formales: presentación, estructura, organización, vocabulario y ortografía	Máximo 3 puntos
4		Conclusión, valoración personal y bibliografía	Máximo 1 punto

Esta tabla tuvo su origen en la Convocatoria de Castilla La Mancha hace unos años. Sus criterios siguen vigentes.

Cuadro resumen de los Criterios de Evaluación	Temas A

1.- Contenidos específicos
   a. Adecuación de los contenidos al tema.
   b. Profundización de los mismos.
   c. Organización lógica y clara en cada punto (Índice).
   d. Argumentación de los contenidos.
   e. Referencia al contexto escolar.
   f. Originalidad y creatividad en el tema.
	2,75 puntos

2.- Introducción y conclusión
   a. Justificación de la importancia del tema.
   b. Repercusiones en nuestra área y en el Sistema Educativo.
   c. Buena introducción del tema.
   d. Conclusión.
	0,5 puntos

3.- Expresión
   a. Fluidez del discurso.
   b. Buena redacción, sin errores sintácticos, redundancias...
   c. Uso del lenguaje técnico.
	1 puntos

4.- Presentación
   a. Limpieza y claridad.
   b. Formato con variedad de recursos (gráficos, sangrías, diferenciación entre títulos, subtítulos, contenidos, esquema, etc.)
	0,5 puntos

5.- Bibliografía
   a. Bibliografía específica del tema.
   b. Aspectos legislativos.
	0,25 puntos

Penalizaciones
   a. Divagaciones
   b. Faltas de ortografía
   c. Errores garrafales
	A restar según criterio del propio tribunal

Totales	5 Ptos.

En **2013**, la Convocatoria de Primaria en **Castilla-La Mancha** incluían estos **criterios**:

PARTE 1B *DESARROLLO DE UN TEMA DE LA ESPECIALIDAD*	PESO ESPECÍFICO
1. Estructurar el tema de forma coherente, secuenciada, justificada y equitativa con todos los apartados.	25%
2. En relación a los contenidos desarrollados, responder al tema planteado, adaptándose al currículum, con aportaciones teórico-prácticas, siendo funcional para la práctica docente.	40%
3. Ser original y creativo en el desarrollo del tema, estableciendo conexiones con otros contenidos del currículum, con aportaciones personales fundamentadas que revelan la creación propia e inédita del mismo.	15%
4. El tema será afín a unas bases teóricas, a una fundamentación científica de la que parte el currículum, al tiempo que aporta ideas nuevas.	5%
5. Mostrar una lectura fluida y comprensible, con una actitud transmisora y un desarrollo expositivo que se ciñan al tema.	15%

En la Convocatoria de **Secundaria** de **Andalucía** de **2016**, los criterios o "indicadores" a tener en cuenta por los tribunales para el examen escrito, son:

INDICADORES

- ESTRUCTURA DEL TEMA:

- Índice (adecuado al título del tema y bien estructurado y secuenciado).
- Introducción (justificación e importancia del tema).
- Desarrollo de todos los apartados recogidos en el título e índice.
- Conclusión (síntesis, donde se relacionan todos los apartados del tema).
- Bibliografía (cita fuentes diversas, actualizadas y fidedignas).

- EXPRESIÓN Y PRESENTACIÓN:

- Fluidez en redacción, adecuada expresión escrita: ortografía y gramática.
- Riqueza y corrección léxica y gramatical (IDIOMAS).
- Limpieza y claridad.

- CONTENIDOS ESPECÍFICOS DEL TEMA:

- Nivel de profundización y actualización de los contenidos.
- Valoración o juicio crítico y fundamentado de los contenidos.
- Ilustra los contenidos con ejemplos, esquemas, gráficos…
- Secuencia lógica y ordenada.
- Uso correcto y actualizado del lenguaje técnico.

CONSEJOS SOBRE CÓMO ESTUDIAR LOS TEMAS. ESTRATEGIAS.

Exponemos una serie de consejos que solemos dar a nuestros opositores:

- Cada uno tiene un "método" que ha experimentado durante su vida de estudiante, sobre todo a nivel universitario, de ahí que nuestra influencia sea relativa. No obstante, muchos nos reconocen que *"nunca hemos estudiado en profundidad hasta comenzar a prepararnos las oposiciones"*.

- Reconocemos que hay **múltiples** formas de estudio. Hemos tenido opositores que necesitaban estar tumbados, otros sentados y en total silencio, otros tenían que tener forzosamente una tenue música de fondo, etc. Es decir, existen muchas maneras con más o menos **dependencia/independencia** de **campo**.

- Unos precisan **luz** natural, otros luz blanca o azul, con flexo cercano o con la de la lámpara del techo…

- Hay quien prefiere estudiar a base de **resúmenes** hechos en un procesador de textos y otros, en cambio, tenían que estar a mano.

- Muchos prefieren **grabar** verbalmente los contenidos para reproducirlos cuando viaja, corre, nada o anda y así aprovechar estos "tiempos muertos".

- Otros requieren **gráficos** y mapas conceptuales. Incluso, hemos tenido los que preferían hacer un póster-esquema y colgarlo a la pared para leerlo de pie…

- Otro grupo lo conforman aquellos que prefieren subrayar o señalar los puntos clave con rotulador marcador tipo fluorescente, otros a lápiz... Eso sí, lo señalado debe tener encadenamiento o cohesión interna para verterlo, ya redactado, en el examen, de ahí que **debamos estudiar escribiendo**, porque el examen escrito trata de ello.

- Debemos usar bolígrafos de gel por ser más rápidos en su trazo y papel tamaño A4, que es el que nos van a proporcionar el día del examen. Ojo a los tipos de **bolígrafos permitidos** por los tribunales, debemos estar muy atentos a lo que nos dicen el día de la **presentación**. Independientemente de ello, debemos acostumbrarnos a poner el folio directamente sobre la superficie dura de la mesa, ya que así la velocidad de escritura es superior que si lo situamos encima de otros folios porque éstos hacen que el espacio de apoyo nos frene por ser más blando. Un **reloj** para controlarnos los tiempos es imprescindible también.

- En cualquier caso, no sería bueno estudiar más de dos horas seguidas, sobre todo si estamos sentados. Ello, normalmente, acarrea contracturas dorso-lumbares, en los miembros inferiores, etc. con el consiguiente dolor y molestia. Lo mismo podemos decir a nivel de nuestra visión.

- Realizar **actividad física o deportiva** varias veces a la semana es muy aconsejable por simple razón de compensación y revitalización personal.

- Es bueno, pues, cada dos horas aproximadamente, hacer un **alto horario** de 8-10 minutos para despejarnos mentalmente y estirarnos físicamente. Beber **agua** y la ingesta de **fruta** suele ser positivo. Esto es extensible al día del examen de la oposición.

- No obstante, si la convocatoria nos dice que el escrito durará más de este tiempo, debemos paulatinamente aumentar las dos horas hasta llegar al **tope** marcado.

- Siempre recomendamos realizar una **planificación** semanal personalizada, que regule nuestro **tiempo** destinado al estudio (avance y repaso de los temas del escrito, casos prácticos, exposición oral), al trabajo, deporte, ocio, obligaciones familiares, etc. Ver tabla/ejemplo en la página siguiente.

- **¿Cuánto tiempo dedicar al estudio?** No podemos dar "recetas" pues depende del nivel previo de cada opositor. Hay quien trae excelentes aprendizajes previos de la carrera y hay quien ese nivel lo trae demasiado básico. Otros ya tienen experiencias en oposiciones, etc. Así pues cada uno debe auto regularse en función de sus capacidades y sus circunstancias personales. Genéricamente podemos indicar que, al menos, 4-6 horas/día divididas por un descanso de 10-15 minutos puede ser un estándar adecuado. A partir de ahí, personalizar en función del avance o no obtenido.

- Siempre debemos tener un "**molde personal**" en función de la capacidad grafomotriz, habida cuenta el **ahorro** de tiempo y energía que nos supone seguir esta estrategia.

- De cualquier forma, debemos respetar el dicho popular "*lo que no se recuerda, no se sabe*", de ahí **memorizar comprensivamente** lo más significativo.

- La **memoria**, al igual que ocurre con la condición física, se mejora ejercitándola con frecuencia.

- Tan importante es memorizar un tema nuevo como no olvidar los ya aprendidos, por lo que es necesario **consolidar**, repasando, lo estudiado. Comprobar que dominamos temas anteriores mejora nuestra capacidad de auto concepto.

- De ahí la importancia de estudiar teniendo delante nuestro **resumen personalizado** y olvidarnos de aumentar los contenidos del tema porque, además de crearnos inquietudes, posiblemente no podamos reflejar todo lo que sabemos en el tiempo que tenemos de examen.

Mostramos en el siguiente **gráfico** un claro y rápido ejemplo de cómo auto planificarse el estudio durante la semana a partir de tres **módulos** diarios:

EJEMPLO DE PLANIFICACIÓN SEMANAL-TIPO
Combinación de estudio-repaso-programación-UU.DD.-prácticos-trabajo profesional-descanso

LUNES	MARTES	MIÉRCOLES	JUEVES	VIERNES	SÁBADO	DOMINGO
MAÑANA	MAÑANA	MAÑANA	MAÑANA	MAÑANA	MAÑANA	MAÑANA
TRABAJO	Estudio tema nuevo semana	TRABAJO	Repaso tema nuevo	TRABAJO	Casos Prácticos	Libre
TRABAJO	Estudio tema nuevo semana	TRABAJO	Programación	TRABAJO	Casos Prácticos	Libre
TARDE	TARDE	TARDE	TARDE	TARDE	TARDE	TARDE
Estudio tema nuevo semana	Programación	Repaso temas anteriores	UU. DD.-U.D.I.	Sesión de clase con preparador	Repaso temas anteriores	Repaso temas anteriores

RECOMENDACIONES PARA LA REALIZACIÓN DEL EXAMEN ESCRITO. ESTRATEGIAS.

NOTA: Muchos de los consejos que ahora damos, sobre todo los relacionados con la presentación, escritura, etc. son también aplicables a la realización por escrito de los casos prácticos, si los hubiera.

En las convocatorias anteriores se ha comprobado que la mayoría de aprobados en el examen escrito tenían **buena letra**, además de contenidos notables. Efectivamente, entre los criterios de evaluación que utilizan los tribunales hay algunos puntos destinados a la **presentación** que no podemos desechar. Incluso, si la Orden de la Convocatoria indica que el opositor deberá **leer** su propio **examen** ante el tribunal, éste suele comprobar posteriormente su estructura, sintaxis, ortografía, etc.

No llegar a tiempo a los llamamientos supone la primera **precaución** a tomar. En ocasiones, las instalaciones donde se celebran las oposiciones se ven saturadas desde varios kilómetros antes de llegar. A ello hay que sumar el tiempo para aparcar, buscar el aula asignada, etc. **Llegar tarde** puede suponer la **no presentación** y la consiguiente **eliminación**.

Gracias a las observaciones hechas por los tribunales de años anteriores y por los criterios de evaluación que han transcendido, estamos en disposición de apuntar una serie de anotaciones a considerar por las personas opositoras durante su periodo de preparación con nosotros. Habitualmente los tribunales reservan parte de la nota total para los **aspectos "formales"** del examen, que ahora comentamos. Esto es de vital importancia porque dos opositores con igual cantidad y calidad de contenidos, sacará mejor nota quien mejor lo presente. Ante ello, reservar algunos minutos para poder **revisar** el examen antes de entregarlo, teniendo en cuenta lo siguiente:

- Nadie aprueba con **mala letra**. Igual decimos de la presentación y limpieza.
- Esto lo hacemos extensivo a las faltas de **ortografía**, acentuación, mala **sintaxis**, incorrecciones **semánticas**, **expresión** y **redacción**, **vulgarismos**, **repetir la misma palabra** continuadamente, **tachones**, suciedad, etc. No podemos "escribir igual que hablamos". También, no poner el número del tema elegido o su título. Otro error habitual es el mal uso de los puntos, bien seguido, bien aparte.
- Debemos escribir por **una carilla** -al menos que el tribunal indique otra cosa- con letra más bien grande para facilitar su lectura. No poner detalles como "no recuerdo..."; "creo que..."; "no me da tiempo..."; "me parece que es...".
- La **media de folios** (carillas o páginas) que suelen hacer nuestros preparados están entre **14 y 16**, con **17-22 renglones** cada una (20 lo habitual) y **9 palabras/renglón,** teniendo en consideración unos **márgenes laterales** y **superior e inferior** de 2 a 2'5 centímetros. No obstante, conforme avanza la preparación y la habilidad para escribir este tipo de examen, hay quien aumenta el volumen de páginas de manera significativa, pero siempre manteniendo y respetando los criterios de evaluación que suelen tener los tribunales: letra, limpieza, construcción semántica, ortografía, etc. Si preferimos escribirlo en un procesador de textos, como puede ser "Word", el número de palabras suele estar alrededor de las 2400-2700, aproximadamente.
- Los **renglones** deben ser **paralelos** y siempre con el mismo **interlineado**. En caso de tener problemas para hacerlo, podemos llevarnos una **plantilla** ya hecha, como una hoja tamaño folio de cuaderno de rayas, o bien hacerla allí

mismo con lápiz y regla. Si tampoco pudiese ser (a veces los tribunales han hecho especial hincapié en "no entrar con plantilla, regla, etc."), nos esmeraríamos en la realización de la primera página, aunque tardásemos más tiempo, y ésta nos serviría como "falsilla" o planilla de renglones. Otro "**truco**" es hacerla a partir del **DNI** al que previamente le hemos hecho unas señales minúsculas con la anchura que deseamos. Éste nos sustituiría a la regla.

- No se puede ser "loco o loca" escribiendo. Para ello es importante el **entrenamiento** durante el periodo de preparación. De ahí surge la **automatización** de todos estos aspectos, además del sangrado, márgenes, etc. No poner abreviaturas.
- Por otro lado debemos **numerar** las hojas, incluso algunos lo hacen poniendo "1 de 15; 2 de 15…".
- La utilización de **dos colores** de tinta **no** suele estar **permitido**, como tampoco subrayados para señalar los títulos, epígrafes, ideas fundamentales, etc., al menos que el tribunal exprese lo contrario. En todo caso, **preguntar** al tribunal antes de empezar si es posible su uso, así como de tippex. También si se pueden poner gráficos, flechas, tablas, etc., si el tribunal lo permite, pero la Orden de la Convocatoria suele prohibirlo por considerarlo posible "**señal**". Un **bolígrafo** tipo **gel** y apoyarnos sobre un **superficie dura** para que éste se deslice mejor, nos permite mayor velocidad de escritura manteniendo su calidad. Quienes suelen hacer tachaduras, previendo que no les dejen usar tippex, pueden optar por un **bolígrafo borrable por fricción** (marca Pilot o similar) que elimina cualquier rastro de su propia tinta. No obstante, determinados "bolígrafos rápidos" que se basan en tinta tipo gel, suelen ser peor para opositores **zurdos**, por razones obvias. Recordamos la necesidad de seguir exactamente las **instrucciones** que nos dé el tribunal al respecto, habida cuenta tenemos experiencias sobre la **anulación** de exámenes por el uso de este tipo de herramienta de escritura.
- No olvidemos que la mayoría de los títulos de los temas tienen tres puntos, por lo que debemos **dividir** la totalidad de materia que escribamos en tres partes similares. De esa forma, evitamos exponer mucho contenido de una parte en perjuicio de otra. Así pues, normalmente haremos tres puntos con varios sub-puntos cada uno buscando la conexión entre los mismos. Además, pondremos el **índice** al principio, tras el título, **introducción, conclusiones, bibliografía** - que incluye la legislación- y webgrafía. En **resumen**, queda muy bien, limpio y "amplio", la estructuración del examen de esta manera:

  - **Título** del Tema. 1ª página. Mayúsculas y en una única página.
  - **Índice**. 2ª página. En una sola página.
  - **Introducción**. 3ª y 4ª página. Debe tener cierta peculiaridad con objeto de atraer la curiosidad del corrector. Nombrar los descriptores del título y en cada uno dar una o dos referencias del mismo. Podemos "presentarlo" a través de su importancia en el currículo y citar sus referencias legislativas. Usar, preferentemente, dos páginas.
  - **Apartados o descriptores** y los sub-apartados. 5ª página. Es el eje alrededor del cual gira la nota relativa a los contenidos. Incluye definiciones, clasificaciones, teorías, líneas metodológicas, referencias curriculares, aplicaciones prácticas, actividades, etc., todo ello citando a autores y normativa que luego quedarán reflejados en la bibliografía, pero con una redacción técnica. En cualquier caso debemos marcar claramente cuándo finalizamos el primer punto y comenzamos el siguiente. Si somos "olvidadizos", podemos dejar un interlineado relativamente amplio por si nos acordamos después de algún detalle olvidado y deseamos incorporarlo sin tachones.

- **Conclusiones**. Lo más notable que hemos tratado, los puntos clave. Al ser lo último que el corrector lee, deben estar muy cuidadas porque puede influir decisivamente en la nota.
- **Bibliografía**. Reseñar algún libro "comodín" y de los autores nombrados anteriormente. También la legislación significada.
- **Webgrafía**. Alguna general, como revistas digitales, o específica.

En cualquier caso, es **imprescindible** conocer los **criterios de evaluación** que van a seguir los tribunales, máxime si son públicos, como viene ocurriendo en varias comunidades autónomas, y en Andalucía de forma más concreta, tal y como hemos citado en el capítulos anteriores. Debemos, pues, hacer caso de ellos y citar o desarrollar todos los **aspectos** que los criterios mencionan.

Precisamente, el tiempo no lo podemos "regalar" ni despreciar, por lo que si terminamos el examen y aún quedan cinco o diez minutos, debemos **repasar** lo escrito por si se nos ha olvidado algo relevante o no hemos puesto la debida atención a las faltas gramaticales, sesgos sexistas, escritura con "códigos SMS", etc. Así pues, debemos agotar el tiempo subsanando cualquier error.

Si la preparación ha sido buena, nada más hacerse el sorteo de los temas, debemos decidirnos por uno. Inmediatamente nos concentramos y empezamos a desarrollarlo, porque debemos ya tener "**automatizada**" su escritura. Si empezamos a dudar, comenzamos a perder el escaso tiempo que nos dan.

En caso de haber estudiado con "**esquemas**", lo mejor sería hacernos uno en sucio para usarlo como guía en la redacción del examen. Este folio nos sirve también para tomar notas, para ir estructurando el tema, etc. Pero, repetimos, la escritura del tema debemos tenerla automatizada porque si no perdemos el tiempo. Esta hoja la destruiríamos al terminar.

Si hemos preparado una introducción, conclusiones, bibliografía y webgrafía "estándar", podemos irlas escribiendo en el llamado "**tiempo perdido**" que suele haber desde que nos dan los folios hasta que sortean los números de los temas. Después podemos añadir los rasgos específicos del tema ya elegido.

Nuestros preparados suelen preguntarnos por la expresión a usar. Aconsejamos el "**plural mayestático**" (*nosotros, ahora vemos, podemos seguir, observamos*, etc.)

Otro aspecto importante es la **elección** del tema de entre los sorteados. Debemos hacer el que dominemos mejor, el que ya lo hayamos escrito muchas veces durante la preparación, el que nos garantice escribir más folios, en suma, el que nos dé más seguridad.

No olvidar llevarse **agua** y alguna pieza de **fruta**. Normalmente a finales de junio suele hacer mucho **calor** y la sensación de éste aumenta con la tensión del examen.

Ahora adjuntamos una **hoja con un resumen** de los **aspectos formales** del examen escrito del tema, aunque aplicable también a la redacción de los **casos prácticos**.

JOSÉ MARÍA CAÑIZARES MÁQUEZ Y CARMEN CARBONERO CELIS

MODELO ESTÁNDAR DE PRESENTACIÓN PARA PRUEBA ESCRITA

2.- COORDINACIÓN Y EQUILIBRIO EN LA INICIACIÓN AL FÚTBOL ESCOLAR

2.1. CONCEPTUALIZACIONES PRELIMINARES.

Desde un primer momento es adecuado tener en cuenta que cualquier movimiento, por mínimo que sea, requiere coordinación y equilibrio adecuados. Por ejemplo, abrir y cerrar una mano conlleva que una serie de grupos musculares realicen (agonistas) la acción y que otros se relajen (antagonistas) para que aquéllos puedan actuar, así como que otros grupos estabilicen (fijadores) los de la muñeca para que lo anterior pueda tener lugar (Téllez, 2014).

La coordinación nos permite hacer lo pensado, es decir, realizar la imagen mental que nos hemos hecho, el esquema motor. Está íntimamente ligada a las habilidades y destrezas básicas a través de su relación con la coordinación dinámico general y la coordinación óculo-segmentaria, respectivamente (Mateos y Garriga, 2015).

Precisamente, las edades porpias de la Primaria son las más críticas para el desarrollo de las capacidades coordinativas (Bugallal, 2011).

Si nos fijamos atentamente en un partido de fútbol podemos observar numerosas acciones diferentes y que, mal hechas, pueden producir lesiones, como dejinses:

a) Carreras
b) Saltos
c) Giros
d) Lanzamientos

Todos ellos con infinidad de VARIANTES. Para que todos esos gestos "salgan bien" havrá habrá sido necesario un director que regule todos los mov. Esta es la función del sistema nervioso.

PARTES ESTÁNDARES A TODOS LOS TEMAS.

Muchas de las personas que preparamos tienen **problemas** por la falta de tiempo o de, simplemente, por ser poco capaces de aprender **introducciones, conclusiones, bibliografías, legislación y webgrafía** de cada uno de los temas.

Uno de los **remedios** para no "castigar" la memoria es confeccionarse unos "**estándares**" o "**comunes**" que den servicio a estos apartados.

Si a ello le unimos la racionalidad en la confección del Índice, a partir de los tres o cuatro apartados o descriptores del título del tema, hemos ahorrado un esfuerzo a nuestra memoria.

Así pues, vamos a dar una serie de **consejos** para que cada persona lectora los elabore de una forma sencilla pero eficaz unos textos usuales, si bien deberíamos a continuación podríamos **complementarlos** con unos **rasgos específicos** del tema que, prácticamente, nos vienen dado por el **título** del tema que nos escribirá el tribunal en la pizarra de la sala de examen. Por ejemplo, si la Introducción la hacemos en dos páginas, los aspectos comunes pueden suponer entre el 60-75 %, es decir, página y un tercio de la siguiente. Si la Conclusión la hacemos en una única, las tres cuartas partes podemos dedicarla a los textos estandarizados y el resto a los concretos del tema escrito.

INTRODUCCIONES COMUNES A TODOS LOS TEMAS

Cuando hemos hablado con los componentes de los tribunales, habitualmente nos indican que suelen fijarse en el "detalle" de si el opositor ha puesto desde el principio o no **referencias** a la **legislación actual**, debido a que suelen entender que cualquier tema debe redactarse **a partir** de las leyes educativas, decretos y órdenes que las desarrollan. Así pues, debemos hacer mención, **respetando su jerarquía**, de:

- Ley Orgánica 8/2013, de 9 de diciembre, para la mejora de la calidad educativa (LOMCE). B.O.E. nº 295, de 10/12/2013.
- Ley Orgánica 2/2006, de 3 de mayo, de Educación (LOE). B.O.E. nº 106 del 04/06/2006. (Modificada por la LOMCE/2013).
- Ley 17/2007, de 10 de diciembre, de Educación en Andalucía. B.O.J.A. nº 252, de 26/12/2007.
- M. E. C. (2014). *Real Decreto 126/2014, de 28 de febrero, por el que se establece el currículo básico de la Educación Primaria.* B. O. E. nº 52, de 01/03/2014.
- M.E.C. (2015). *Orden ECD/65/2015, de 21 de enero, por la que se describen las relaciones entre las competencias, los contenidos y los criterios de evaluación de la educación primaria, la educación secundaria obligatoria y el bachillerato.* B.O.E. nº 25, de 29/01/2015.
- JUNTA DE ANDALUCÍA (2015). *Decreto 97/2015, de 3 de marzo, por el que se establece la ordenación y el currículo de la educación Primaria en la comunidad Autónoma de Andalucía.* BOJA nº 50 de 13/013/2015.
- JUNTA DE ANDALUCÍA (2015). *Orden de 17 de marzo de 2015, por la que se desarrolla el currículo correspondiente a la educación Primaria en Andalucía.* BOJA nº 60 de 27/03/2015.

No obstante, entendemos que sería un buen detalle **citar** también a las **Competencias Clave**, habida cuenta su importancia a partir de la publicación de la LOE/2006, actualizada por la LOMCE/2013.

Igualmente podemos hacer mención a la legislación correspondiente a la evaluación o a la relacionada con la atención a la **diversidad**, pero tanto texto no nos cabe, de ahí la necesidad de **sintetizar** la información que consideremos más representativa.

Otra línea es plasmar alguna "**frase hecha**", como *"enseñar Educación física con éxito supone diseñar una programación coherente con el contexto, disponer de un amplio abanico de estrategias didácticas, generar un clima de clase que invite al aprendizaje, utilizar adecuadamente los recursos materiales y tecnológicos e integrar la evaluación en el proceso de aprendizaje"* (Blázquez y otros, 2010).

Otro ejemplo puede ser: *"Uno de los fines genéricos que persigue la Educación Física escolar es el de favorecer la ubicación personal del alumno/a en la sociedad, en una cultura corporal donde la escuela proporcione al alumnado los medios apropiados para su acceso y, en consecuencia, conseguir los beneficios que de ella pueden conseguir: desarrollo personal; equilibrio psicofísico; mejorar la salud; disfrutar del tiempo de ocio; etc., así como el desarrollo de la autonomía personal ante las influencias que imponen los nuevos mitos sociales"*. *"El cuerpo y el movimiento como ejes básicos de nuestra acción educativa"*; *"el área de Educación Física se muestra sensible a los acelerados cambios que experimenta la sociedad..."*; *"la importancia de las relaciones interpersonales que se generan alrededor de la actividad física permiten incidir en la asunción de valores como el respeto, la aceptación, la cooperación..."*, procedentes de legislaciones pasadas, pero de plena actualidad por la temática expresada.

Posteriormente, en la Introducción debemos hacer referencias a la materia que trata el tema elegido, lo que antes hemos referenciado como "rasgos específicos". Esto nos resulta fácil con un poco de práctica, simplemente comentando una o dos líneas a partir del título del tema que el tribunal detalla en la pizarra. No obstante, el sentido de lo que expresemos debe ir encaminado a lo que "vamos a tratar en el desarrollo del tema..."

CONCLUSIONES COMUNES A TODOS LOS TEMAS

Si en las introducciones se basan en lo que "vamos a estudiar en el tema...", con las Conclusiones ocurre al contrario: "a lo largo del tema hemos visto (escrito, estudiado, tratado, etc.) la importancia de..." Para ello podemos **actuar** como antes, es decir, un par de **párrafos comunes** a todas las temáticas. Por ejemplo, "la trascendencia del conocimiento del propio cuerpo, vivenciándolo y disfrutándolo, además de respetarlo". Otra posibilidad es incluir un párrafo basándonos en algunos ejemplos de estos textos **estandarizados**:

"Todos los niños y niñas tienen el derecho a una educación de calidad que permita su desarrollo integro de sus posibilidades intelectuales, físicas, psicológicas, sociales y afectivas" (Decreto 328/2010). *"Entendemos la etapa de primaria como fundamental para el desarrollo de las capacidades motrices del alumnado y donde el docente debe observar las deficiencias de éstos para corregirlas lo más rápidamente posible"*.

En Andalucía, la O. 17/03/2015, indica que: *"la Educación Física es un área en la que se optimizan las capacidades y habilidades motrices sin olvidar el cuidado del cuerpo, salud y la utilización constructiva del ocio. En Educación física se producen relaciones de cooperación y colaboración, en las que el entorno puede ser estable o variable, para conseguir un objetivo o resolver una situación. La atención selectiva, la interpretación de las acciones de otras personas, la previsión y anticipación de las propias acciones teniendo en cuenta las estrategias colectivas, el respeto de las normas, la resolución de problemas, el trabajo en grupo, la necesidad de organizar y adaptar las respuestas a las variaciones del entorno, la posibilidad de conexión con otras áreas, el juego como herramienta primordial, la imaginación y creatividad".*

Posteriormente plasmamos algunos rasgos de lo más característico que hemos escrito durante la redacción del tema escogido. Realmente se trata de que destaquemos lo más trascendental de cada uno de los apartados de los descriptores del título, pero con información nueva, expresando que "a lo largo del tema hemos visto la importancia de…" o "hemos indicado en la redacción del tema los conceptos, clasificaciones, didáctica de…".

BIBLIOGRAFÍA COMÚN A TODOS LOS TEMAS

Hay quien diferencia **bibliografía** de **legislación**. Nosotros, al estar ambos documentos en formato papel, lo **unificamos**.

Evidentemente cada tema tiene una serie de volúmenes principales o monográficos de apoyo, pero también está muy claro que hay una serie de **libros generales de didáctica** que vienen muy bien tenerlos en cuenta para ponerlos en la mayoría de los temas. Son las publicaciones que habitualmente se manejan en las facultades de Magisterio. Los tribunales suelen valorar más ediciones de los **últimos años**, aunque siempre habrá libros "clásicos", sobre todo las **monografías** de conocidos autores y que son muy **específicas** de los **temas**. Por ejemplo, Delgado Noguera en temas relacionados con la metodología y organización; Blázquez con evaluación y con la iniciación deportiva; Rigal en motricidad, etc.

Algunos ejemplos de bibliografía **común**, es decir, libros que prácticamente en su totalidad tratan **todas** las **materias** de los veinticinco temas, son:

ADAME, Z. y GUTIÉRREZ DELGADO, M. (2009). *Educación Física y su Didáctica. Manual de Programación*. Fondo Editorial de la Fundación San Pablo Andalucía CEU. Sevilla.

ARRÁEZ, J. M.; LÓPEZ, J. M.; ORTIZ, Mª M. y TORRES, J. (1995). *Aspectos básicos de la Educación Física en Primaria. Manual para el Maestro*. Wanceulen. Sevilla.

BLÁZQUEZ, D.; CAPLLONCH, M.; GONZÁLEZ, C.; LLEIXÁ, T.; (2010). *Didáctica de la Educación Física. Formación del profesorado*. Graó. Barcelona.

CAÑIZARES, J. Mª y CARBONERO, C. (2009). *Currículum de Educación Física en Primaria para Andalucía*. Wanceulen. Sevilla.

CAÑIZARES, J. Mª y CARBONERO, C. (2009). *Currículum de Educación Física en Primaria*. Wanceulen. Sevilla.

CHINCHILLA, J. L. y ZAGALAZ, M. L. (2002). *Didáctica de la Educación Física*. CCS. Madrid.

CONTRERAS, O. R. y GARCÍA, L. M. (2011). *Didáctica de la Educación Física. Enseñanza de los contenidos desde el constructivismo.* Síntesis. Madrid.

CONTRERAS, O. y CUEVAS, R. (2011). *Las Competencias Básicas desde la Educación Física.* INDE, Barcelona.

FERNÁNDEZ GARCÍA, E. -coord.- (2002). *Didáctica de la Educación Física en la Educación Primaria.* Síntesis. Madrid.

FERNÁNDEZ GARCÍA, E. -coord.- CECCHINI, J. A. y ZAGALAZ, Mª L. (2002). *Didáctica de la educación física en la educación primaria.* Síntesis. Madrid.

GALERA, A. D. (2001). *Manual de didáctica de la educación física. Una perspectiva constructivista moderada.* Vol. I y II. Paidós. Barcelona.

GIL MORALES, P. (2001). *Metodología didáctica de las actividades físicas y deportivas.* Fundación Vipren. Cádiz.

SÁENZ-LÓPEZ, P. (2002). *La Educación Física y su Didáctica.* Wanceulen. Sevilla.

SÁNCHEZ BAÑUELOS, F. (1996) *Bases para una Didáctica de la Educación Física y los Deportes.* Gymnos. Madrid.

SÁNCHEZ BAÑUELOS, F. y FERNÁNDEZ, E. -coords.- (2003). *Didáctica de la Educación Física para Primaria.* Prentice Hall.

SÁNCHEZ GARRIDO, D. y CÓRDOBA, E. (2010). *Manual docente para la autoformación en competencias básicas.* C.E.J.A. Málaga.

VICIANA, J. (2002). *Planificar en Educación Física.* INDE. Barcelona.

VILLADA, P. y VIZUETE, M. (2002). *Los Fundamentos teóricos-didácticos de la Educación Física.* Secretaría General Técnica del M. E. C. D. Madrid.

VV. AA. (2008). *Colección de manuales de atención al alumnado con necesidades específicas de apoyo educativo.* (10 volúmenes). C. E. J. A. Sevilla.

ZAGALAZ, Mª L.; CACHÓN, J.; LARA, A. (2014). *Fundamentos de la programación de Educación Física en Primaria.* Síntesis. Madrid.

Esta relación, o parte de ella, no debe aparecer en exclusiva. Antes que nada debemos recordar que es muy conveniente **reseñar autores y año** de publicación **durante** la **redacción** de los diversos apartados o descriptores. Esto, obviamente, nos obliga a incluirlos en la bibliografía "específica" de cada tema. Por ejemplo, en los temas relacionados con la psicomotricidad (7 – 9 – 10 – 11) recomendamos citar a:

RIGAL, R. (2006). *Educación motriz y educación psicomotriz en Preescolar y Primaria.* INDE. Barcelona.

SASSANO, M. (2015). *El cuerpo como origen del tiempo y del espacio. Enfoques desde la Psicomotricidad.* Miño y Dávila editores. Buenos Aires.

TAMARIT, A. (2016). *Desarrollo cognitivo y motor.* Síntesis. Madrid.

Hay una serie de **documentos legislativos** "obligatorios" porque, entre otras cosas, los hemos debido referir en el examen escrito. Además, debemos reseñar otros **específicos** de los temas. Por ejemplo, si tratamos la "evaluación", debemos anotar la Orden de 4 de noviembre de 2015, por la que se establece la ordenación de la evaluación del proceso de aprendizaje del alumnado de educación Primaria en la Comunidad Autónoma de Andalucía.

La legislación general ya la hemos indicado en el apartado anterior sobre "Introducciones comunes", aunque referida a Andalucía. **Cada persona opositora debe adecuarla a la comunidad autónoma donde se presente**.

WEBGRAFÍA COMÚN A TODOS LOS TEMAS

Hoy día muchas de nuestras fuentes consultadas se encuentran en **Internet**, de ahí que debamos señalar algunas **webs fiables**. Nos inclinamos por revistas electrónicas de prestigio en la didáctica general y en la educación física en particular, así como a los portales de las propias **consejerías** de educación de la comunidades autónomas. Todas ofrecen recursos didácticos, experiencias... y legislación aplicada.

Algunos ejemplos, son:

http://www.agrega2.es
http://recursos.cnice.mec.es/edfisica/
http://www.ite.educacion.es/es/recursos
http://www.educarm.es/admin/recursosEducativos#nogo
www.juntadeandalucia.es/educacion/descargasrecursos/curriculo-primaria/index.html
http://www.gobiernodecanarias.org/educacion/webdgoie/
http://www.educarex.es/web/guest/apoyo-a-la-docencia
http://www.catedu.es/webcatedu/index.php/recursosdidacticos
http://www.adideandalucia.es

TEMA 7

COORDINACIÓN Y EQUILIBRIO. CONCEPTO Y ACTIVIDADES PARA SU DESARROLLO.

INDICE

INTRODUCCIÓN

1. COORDINACIÓN. CONCEPTO Y ACTIVIDADES PARA SU DESARROLLO.

- 1.1. Concepto.
    - 1.1.1. Coordinación y Equilibrio en el Diseño Curricular
    - 1.1.2. Características del movimiento coordinado
- 1.2. Clasificación.
- 1.3. Proceso evolutivo.
- 1.4. Componentes de la coordinación.
- 1.5. Factores condicionantes de la coordinación.
- 1.6. Evaluación.
- 1.7. Actividades para su desarrollo

2. EQUILIBRIO. CONCEPTO Y ACTIVIDADES PARA SU DESARROLLO.

- 2.1. Concepto.
- 2.2. Clasificación.
- 2.3. Proceso evolutivo.
- 2.4. Factores que influyen en su desarrollo.
- 2.5. Evaluación.
- 2.6. Actividades para su desarrollo

CONCLUSIONES

BIBLIOGRAFÍA

WEBGRAFÍA

INTRODUCCIÓN

Este Tema trata sobre las llamadas "capacidades coordinativas", "capacidades motrices" o "capacidades coordinativo-equilibradoras". Es decir, aquellas que se encargan de regular y organizar el movimiento, sus elementos cualitativos (Morente, 2005).

No olvidemos que toda habilidad motriz tiene dos componentes muy ligados: físico (más aprisa, más veces...) y motor (hacerlo bien).

Si observamos unas acciones técnicas en deportistas de elite, la elegancia y la economía de las mismas nos parecerán asequibles de reproducir. En realidad, esta aparente sencillez está basada en una serie de complicadísimos mecanismos que, interactuando ordenada y sincrónicamente unos con otros, dan como resultado ese movimiento digno de admirar (Conde y Viciana, 2001).

El título del tema hace que coordinación y equilibrio las veamos por separado aunque en su práctica están yuxtapuestas. Su nivel dependerá de la genética del individuo, y de las oportunidades y experiencias lúdicas vividas desde las primeras edades (Rivadeneyra, 2003).

Así pues, veremos en la primera parte del tema todo lo relacionado con la coordinación: concepto, definiciones, tipos, su evolución y sus prácticas escolares y en la segunda haremos el mismo procedimiento pero con el equilibrio.

No olvidemos que todo especialista en nuestra materia debe conocer en profundidad ambas capacidades debido a que las edades propias de la Etapa Primaria son críticas para su desarrollo, de ahí la importancia que le otorga el Real Decreto 126/2014 a toda competencia motriz. Además, un buen nivel coordinativo repercute decisivamente en un mejor y más rápido de los aprendizajes básicos escolares.

1. COORDINACIÓN. CONCEPTO Y ACTIVIDADES PARA SU DESARROLLO.

1.1. CONCEPTO.

Cualquier **movimiento** por pequeño que sea requiere de **coordinación** psíquica y motriz, así como una lucha contra la fuerza de gravedad (**equilibrio**).

En una acción motriz tenemos que distinguir los músculos agonistas, antagonistas, sinergistas y fijadores. La coordinación hace posible el **ordenamiento** de ese trabajo muscular (López y Garoz, 2004). La simple flexión de una falange de la mano viene dada por una acción activa de los flexores de los dedos (músculos agonistas) y por una acción pasiva de los extensores (músculos antagonistas), es decir, siempre que realicemos una acción se le opondrá otra. Todo esto está controlado por el Sistema Nervioso Central (S.N.C.), por lo que su maduración nos dará un grado de coordinación considerable.

Cuando hablamos de coordinación todo es más **complejo** y multifactorial. El S.N.C. debe mandar infinidad de **impulsos** a un sinnúmero de músculos que intervienen en cualquier gesto deportivo, por ejemplo la destreza del lanzamiento de un balón con una mano por encima del hombro, el test de pentasalto, la carrera de obstáculos, etc.

Si para cualquier movimiento se requiere una coordinación relativa, hay que pensar que, para un alto rendimiento deportivo es necesario un nivel infinitamente superior, por que es forzoso un perfecto juego entre el sistema encargado de **dirigir** a la persona -el S. N.- y el encargado de **moverlo**, los músculos.

Un movimiento coordinado (y equilibrado) implica la interacción eficaz entre el S.N.C. y el S. Muscular Esquelético (Rivadeneyra 2003). Un individuo posee un buen nivel cuando es capaz de realizar un gesto natural o específico velozmente, con facilidad y sin aparente gasto de energía, es decir, hacer lo pensado (Cañizares, 2004).

Por todo ello, coordinación y equilibrio constituyen la base de todas las acciones gestuales que se puedan realizar y definirán cualitativamente a la acción, por lo que coordinación y equilibrio son el soporte motor de las habilidades y destrezas, y el nivel alcanzado va a condicionar el logro en el límite de habilidad (López y Garoz, 2004).

En cuanto a su definición, seguimos a los autores más significativos:

- **Le Boulch** (1986). "*La interacción entre el S.N.C. y la musculatura esquelética en la ejecución del movimiento*".

- **Fernández García** -coor.- (2002). "E*s la organización de las acciones motrices orientadas hacia la consecución de un objetivo determinado.*

- **Torres** (2005). "*Capacidad del organismo para ejecutar una acción motriz controlada, con precisión y eficacia, sin realizar ningún gesto parásito*".

- **Rigal (2006)**: "Ajuste espacio-temporal de las contracciones musculares para generar una acción adaptada a la meta perseguida".

Como vemos, todas las definiciones tienen en común el control ejercido por el SNC para regular los actos motores (Los Santos, 2004).

1.1.1. COORDINACIÓN Y EQUILIBRIO EN EL DISEÑO CURRICULAR.

Uno de los objetivos básicos en el marco de la educación física es conseguir que el alumnado adquiera el mayor número posible de patrones motores, con objeto de poder construir nuevas opciones de movimiento, gracias al desarrollo conjunto de las capacidades coordinativas (López y Garoz 2004).

En Andalucía, la O. de 17/03/2015 nos indica que "*la Educación física permite al alumnado indagar en sus habilidades y destrezas motrices y las lleva a la práctica en situaciones de enseñanza/aprendizaje variadas. Las experiencias individuales y colectivas permiten adaptar las respuestas a los diferentes contextos, de esta forma atiende a las dimensiones de la personalidad: sensorial, cognitiva, afectiva, comunicativa, estética, de la salud, moral, social y creativa. Este área es un verdadero motor de formación integral y permanente, ya que a partir de propuestas de tareas competenciales dinámicas y variadas servirá para instrumentalizar en otras áreas actitudes que ayuden a afrontar los retos que en ellas se destilen, sobrepasando su plano motriz inicial. La actividad física tiene un valor educativo muy importante, tanto por las posibilidades de exploración que propicia como por las relaciones lógicas que el sujeto establece en las interacciones con los objetos, el medio, los otros y consigo mismo. Así, por ejemplo, los alumnos y alumnas construyen sus primeras nociones topológicas, temporales, espaciales o de resolución de problemas en actividades que emprende con otros en diferentes situaciones motrices*".

Ahora relacionamos los elementos curriculares:

- **Competencias Clave**. Está relacionado con las **competencias sociales y cívicas**. Las actividades dirigidas a la adquisición de las habilidades motrices requieren la capacidad de asumir las diferencias así como las posibilidades y las limitaciones propias y ajenas. El cumplimiento de las normas que rigen los juegos colabora con la aceptación de códigos de conducta para la convivencia.
El **sentido de iniciativa y espíritu emprendedor** en la medida en que emplaza al alumnado a tomar decisiones con progresiva autonomía en situaciones en las que debe manifestar auto superación, perseverancia y actitud positiva. También lo hace, si se le da protagonismo al alumnado en aspectos de organización individual y colectiva de las actividades físicas, deportivas y expresivas.
Competencia digital en la medida en que los medios informáticos y audiovisuales ofrecen recursos cada vez más actuales para analizar y presentar infinidad de datos que pueden ser extraídos de las actividades físicas, deportivas, competiciones, etc. El uso de herramientas digitales que permitan la grabación y edición de eventos (fotografías, vídeos, etc.) suponen recursos para el estudio de distintas acciones llevadas a cabo.
Competencia matemática y competencias básicas en ciencia y tecnología. Un buen nivel coordinativo y perceptivo dará lugar a una mayor facilidad en el dominio de las relaciones espaciales, cuantificación y cálculos, magnitudes, comprensión de la perspectiva, lectura de mapas, escenas tridimensionales, formas geométricas, etc.
- **Objetivos de Etapa**. La habilidad está relacionada con el objetivo "k": "valorar la higiene y la salud, aceptar el propio cuerpo y el de los otros, respetar las diferencias y utilizar la educación física y el deporte como medios para favorecer el desarrollo personal y social", habida cuenta la habilidad motriz está presente en las prácticas de juegos que nos llevan a aceptar el propio cuerpo y el de los demás y su uso para el desarrollo personal y social.
- **Objetivos de Área**. Algunos tienen **relación** directa con las capacidades coordinativas. Por ejemplo, el "1", que trata sobre el conocimiento del propio cuerpo y disfrutar de sus capacidades motrices; el "2", sobre el uso de habilidades motrices y la adaptación del movimiento.
- **Contenidos**. Este tema está relacionado con el primer bloque de **contenidos**, "El cuerpo y sus habilidades perceptivo motrices" porque este tema trata del desarrollo de los contenidos básicos de la etapa que servirán para posteriores aprendizajes más complejos, donde seguir desarrollando una amplia competencia motriz.
- **Criterios de evaluación**. También algunos criterios y estándares de aprendizaje hacen referencia a coordinación y equilibrio. Por ejemplo, el 1: "Resolver situaciones motrices con diversidad de estímulos y condicionantes espacio-temporales, seleccionando y combinando las habilidades motrices básicas y adaptándolas a las condiciones establecidas de forma eficaz.
- **Estándares de aprendizaje**. Ponemos algunos ejemplos:
    1.1. Adapta los desplazamientos a diferentes tipos de entornos y de actividades físico deportivas y artístico expresivas ajustando su realización a los parámetros espacio-temporales y manteniendo el equilibrio postural.
    1.2. Adapta la habilidad motriz básica de salto a diferentes tipos de entornos y de actividades físico deportivas y artístico expresivas, ajustando su realización a los parámetros espacio-temporales y manteniendo el equilibrio postural.
    1.3. Adapta las habilidades motrices básicas de manipulación de objetos (lanzamiento, recepción, golpeo, etc.) a diferentes tipos de entornos y

de actividades físico deportivas y artístico expresivas aplicando correctamente los gestos y utilizando los segmentos dominantes y no dominantes.
1.4. Aplica las habilidades motrices de giro a diferentes tipos de entornos y de actividades físico deportivas y artístico expresivas teniendo en cuenta los tres ejes corporales y los dos sentidos, y ajustando su realización a los parámetros espacio temporales.
1.5. Mantiene el equilibrio en diferentes posiciones y superficies.

1.1.2. CARACTERÍSTICAS DEL MOVIMIENTO COORDINADO.

Un movimiento coordinado (y equilibrado) implica la interacción eficaz entre el S.N.C. y el S. Muscular Esquelético (Rivadeneyra 2003).

Castañer y Camerino (1998), destacan los siguientes criterios para considerar a un movimiento como coordinado:

- Precisión en velocidad y dirección adecuadas
- Eficacia en los resultados
- Economía en el gasto energético
- Armonía en la contracción y relajación muscular

Un individuo posee un buen nivel cuando es capaz de realizar un gesto natural o específico velozmente, con facilidad y sin aparente gasto de energía, es decir, hacer lo pensado (Cañizares, 2004).

¿Por qué un alumno comete errores al hacer un movimiento coordinado? Los fallos podemos encontrarlos al analizar los diversos parámetros que confluyen en él (Gutiérrez 2004):

- Al **informarse** sobre lo que hay que hacer (ver/oír la tarea propuesta). Falta de atención.
- Al **analizar**-interpretar los datos anteriores.
- Al **planificar** la respuesta a nivel cerebral, es decir, organizar la actuación.
- Al **programar** la respuesta: "aplico mis conocimientos previos a lo que debo hacer".
- Al **ejecutar** la respuesta: error, por ejemplo, al medir el obstáculo a saltar.
- Al **ajustar** la respuesta: desequilibrio, descoordinación...

En resumen, una acción resulta coordinada y equilibrada cuando utilizamos los grupos musculares precisos con el tono adecuado, obtenemos el resultado pensado, gastamos la mínima energía muscular y nerviosa y también tenemos capacidad para "tener conciencia" de lo realizado, que es el feedback intrínseco (Cañizares, 2001).

En cambio, torpeza, falta de ritmo, desorientación, mala recepción de objetos y deficiente puntería, así como tener inseguridad en superficies no habituales, es típico de alumnos/as con **bajos niveles** de coordinación y equilibrio.

1.2. CLASIFICACIÓN.

La taxonomía de la coordinación es muy variada y variopinta, habida cuenta que los autores utilizan parámetros desiguales (Bueno, Del Valle y De la Vega, 2011).

En general, hoy día se reconocen dos grandes grupos (López y Garoz, 2004):

- **C. Dinámica General**. Regula los movimientos corporales globales. Es el soporte motor de las habilidades motrices, junto al equilibrio.
- **C. Óculo-Segmentaria**. Movimientos que implican el ajuste entre el sentido de la vista y un segmento corporal que normalmente maneja un móvil. Es como un "lazo" entre la visión y una mano o pie. Constituye el respaldo motor de las destrezas, junto al equilibrio. Por ejemplo, mantener un globo en el aire golpeándolo con manos o pies.

En este cuadro vemos los tipos clasificatorios de otros autores:

LE BOULCH (1986)	AÑÓ, CAMPOS Y MESTRE (1982)	ZAGALAZ, CACHÓN Y LARA (2014)	TORRES (2005)
C. Dinámica General C. Óculo Manual	C. Dinámica General C. Óculo Manual C. Óculo Cabeza C. Óculo Pie C. Disociada	C. Dinámica General C. D. G. Específica: O. Manual; O. Pédica; O. Cefálica o Espacial	C. Gruesa C. Fina C. Segmentaria C. General C. Óculo-manual C. Óculo-pédica

1.3. PROCESO EVOLUTIVO.

Para elaborar este punto resumimos a Conde y Viciana (2001), Fernández -coord.- (2002), López y Garó (2004), Cañizares (2004) Los Santos (2004), Ruiz Pérez (2005) y Tamarit (2016).

Durante la etapa infantil, la evolución de la coordinación está íntimamente ligada al desarrollo general del individuo. La **percepción del medio** que rodea al alumno, ya desde muy pequeño, le ayuda a construir esquemas mentales de su entorno más inmediato, su exploración será posible gracias al desarrollo del movimiento y conllevará la adquisición de capacidades que darán lugar al **desarrollo cognitivo**. Los logros motores de los primeros años suponen sucesivas conquistas de formas de coordinación cada vez más complejas: marcha, carrera, saltos, etc. Nunca es una edad temprana para trabajar la coordinación, aunque sí puede ser una edad tardía.

a) **Primeras edades**. Tras el nacimiento, el S.N.C. y la musculatura esquelética aún no tienen relación funcional. Será imprescindible el juego infantil para que niñas y niños vayan adquiriendo la madurez nerviosa y muscular necesaria para regular su propio cuerpo, además de la independencia de miembros superiores e inferiores y acoplarlo con el espacio y sus objetos. Por ello, el buen nivel de sus percepciones corporales, espaciales y temporales será fundamental. En un principio las coordinaciones son globales, pero su progresión es continua.

b) **Etapa Prepuberal**. Los movimientos se convierten en más claros y orientados. Es el mejor momento para los ensayos motrices porque el sistema nervioso está muy madurado y conlleva el refinamiento de los gestos, sobre todo los de tipo óculo-segmentario. Incremento cualitativo y cuantitativo en actividades de coordinación general. Al final de la etapa hay mayor ajuste, precisión y eficacia.

c) **Etapa Puberal**. El crecimiento anatómico provoca desajustes motores, pero con la práctica se mejora sin gran dificultad, siempre y cuando se hayan cumplido las etapas anteriores. Es un buen momento para iniciar las coordinaciones específicas o deportivas. La condición física hace que las actividades de coordinación tengan mejor nivel de ejecución. Esto es extensible a la **adolescencia**.

d) **Etapa Adulta**.- Hasta los 23-25 años, el grado de coordinación se mantiene, pero la degeneración orgánica hace que el nivel vaya deteriorándose.

1.4. COMPONENTES DE LA COORDINACIÓN.

Diversos autores se han ocupado de estos componentes o "sub-capacidades" que **integran** a la coordinación. Los **psicomotricistas** establecieron tres grupos. **Posteriormente** los estudios de Schnabel (1974), Hirtz (1981), Blume (1981), Martin (1982), Zimmermann (1987), Meinel y Schnabel (1988), Hahn (1988), Weineck (1988) y Kosel y Hecker (1996), (citados por Cañizares, 2001) y León (2006), aumentaron la riqueza del análisis de los parámetros que integra la coordinación, aunque en muchos casos apenas si existen **diferencias** significativas entre ellos. Por ello, Los Santos (2004), indica que en lugar de decir sólo "coordinación", mejor deberíamos hablar de "*capacidades coordinativas*".

a) **Escuela Psicomotriz**. Para tener un control del movimiento (coordinación) es necesario un previo y paralelo desarrollo de varios factores: esquema corporal, estructuración espacio-tiempo y equilibrio.

b) **Otros autores**. Cañizares (2001), Conde y Viciana (2001) y Cachadiña –coord.- (2006), resumiendo a los autores anteriores, indican que generalmente se viene aceptando como componentes de la coordinación, es decir, una serie de elementos que hacen posible el movimiento, a las facultades de adaptación, reacción, dirección-control motor, orientación, equilibrio, ritmo y capacidad de acoplamiento, entre otras:

- Adaptación. Es ajustar el movimiento al cambio continuo del entorno: compañeros, contrarios, balón... y a los espacios reglamentarios para jugar.
- Reacción. Es responder a una modificación de la situación, es decir, adaptar el programa motor inicial a las variaciones inesperadas.
- Dirección-control motor. Ejecutar las acciones con precisión en aquellos deportes donde predominan las condiciones de ejecución estandarizadas: tiro, pase... Incluye la discriminación de velocidades y trayectorias, la orientación y estructuración espacio-tiempo y el equilibrio
- Orientación. Permite modificar la posición y el movimiento del cuerpo en el espacio y en el tiempo.
- Equilibrio. Es mantener una posición corporal deseada (equilibrio estático) o recuperarla tras un movimiento (equilibrio dinámico) en contra de la fuerza de la gravedad. Las actividades propias de coordinación dinámica general implican una reequilibración continua.
- Ritmo. Es organizar cronológicamente las prestaciones musculares en relación al espacio y al tiempo.
- Capacidad de acoplamiento. Permite regular los movimientos corporales parciales entre sí y/o unir los ya automatizados para lograr un objetivo motor dado.

Estos términos tienen otras **denominaciones** en función de los autores que estudiemos y/o la traducción realizada de otros idiomas.

1.5. FACTORES CONDICIONANTES DE LA COORDINACIÓN.

Un movimiento coordinado y hecho con eficacia es complejo de realizar, sobre todo si no es de tipo "simple" como un salto o el bote estático del balón.

Hay una serie de agentes que influyen decisivamente en los componentes de la coordinación vistos anteriormente. Estas variables que ahora nombramos debemos tenerlas muy en cuenta a la hora de diseñar las actividades en cuanto a su complejidad, porque van a condicionar las respuestas motrices de nuestros escolares (Cañizares, 2001).

- Nivel de aprendizaje motor y de experiencias previas.
- Grado de equilibrio necesario.
- Influencias de compañeros y/o contrarios.
- Uso o no de móviles y sus características de peso, tamaño, textura, etc.
- Cansancio y condición física.
- Grado de tensión nerviosa y de intensidad del esfuerzo.
- Dificultad de la acción. Número de grupos musculares necesarios.
- Velocidad de ejecución del movimiento.
- Condiciones externas de luz, tipo de pavimento, temperatura, limitaciones de espacios, posible incomodidad del factor viento, etc.

1.6. EVALUACIÓN.

No es fácil establecer tests o pruebas que sean de máxima utilidad para medir y evaluar la coordinación al existir diversas capacidades íntimamente relacionadas con la misma. No obstante, establecemos tres apartados:

- **Tests "tradicionales"**. Nos referimos a la batería de Ozerestki, el examen psicomotor de Mazzo y de Vayer, y la observación psicomotriz de Da Fonseca (López y Garó, 2004).

- **Nuevas formas**. En los últimos años nos encontramos con la adaptación de Ruiz, Graupera y Gutiérrez (2002), para la población española, del test MABC de Henderson y Sudgen; de la escala ECOMI, y del sistema instrumental para medición de la motricidad de González Rodríguez (2003), todos ellos citados por López y Garó (2004).

- **Pruebas escolares**. Operativamente el docente utiliza el salto en profundidad; triple salto a pies juntos y el pentasalto desde parado, entre otras. Tienen la ventaja de su simpleza y rapidez, así como que el propio alumnado comprueba personalmente su progresión.

1.7. ACTIVIDADES PARA SU DESARROLLO.

Seguimos a Trigueros y Rivera (1991), Kosel y Hecker (1996), Chinchilla y Alonso (1998) Romero Cerezo (2000), Campo (2000), Rigal (2006), León (2006) y (Zagalaz, Cachón y Lara, 2014).

Al planificar las tareas para la mejora de la coordinación implicamos, además de los factores perceptivos y equilibradores, al resto de los componentes o "sub-capacidades", sin olvidar la condición física como factor de ejecución.

a) *Actividades de Coordinación Dinámica General.*

- Desplazamientos de todo tipo y muy variados. Por ejemplo, marchas y carreras, cuadrupedias, tripedias, reptaciones, trepas, etc. También podemos organizarlas de forma individual, en parejas, pequeño y gran grupo, con o sin el uso de recursos móviles como aros, conos, picas, cuerdas, etc.
- Juegos de empuje, transporte, tracción, oposición entre compañeros, etc.
- Saltos de todas las modalidades, con uno y dos pies y sus combinaciones. Desde una altura, superar una altura, en profundidad y sus combinaciones. También podemos contar con el apoyo de recursos tales como aros, bancos, conos, vallitas, colchonetas, etc. El ritmo es también un excelente recurso para la enseñanza de los saltos.
- Carreras en línea recta, de espalda, lateral, etc. Podemos utilizar conos para realizar zig-zag y otras muchas variantes.
- Juegos generales que impliquen desplazamientos, saltos, capturas, ritmos, etc. Pueden ser de índole popular con baja o alta organización, dependiendo de la edad, evolución y característica del grupo.
- Desplazamientos variados de tipo "pasivo", con o sin el uso de patines, skates, etc.
- Juegos con los recursos tradicionales propios de los gimnasios: espalderas, escalas, etc.

b) *Actividades de Coordinación Óculo–Segmentaria.*

- Podemos distinguirle al Tribunal actividades concretas para la mejora de la coordinación óculo-pie; óculo-mano...
- Botes, conducciones y lanzamientos-recepciones de pelotas y balones. Combinaciones.
- Juegos populares de punterías con diversos móviles, como "las siete y media" o "tirar la raya".
- Golpeos de pelotas, globos y otros recursos propios de la "Corriente Alternativa"

c) **Ejemplos de algunas variantes.**

- Variaciones en la ejecución de un movimiento.
    - Aumentando o disminuyendo la velocidad de ejecución.
    - Variando los movimientos de realización.
    - Alternar lado derecho/izquierdo.
    - Relajación parcial de determinadas áreas del cuerpo.
    - Combinación de movimientos:
        - Ejecución cruzada, sucesiva y simultánea.
- Variación de las condiciones externas:
    - En la orientación del movimiento y dirección
    - En el lugar de la realización.
    - Peso, forma y diseño de los objetos utilizados.

- o Acción facilitada, dificultada, compartida, etc.
- Variaciones en la acción temporal:
  - o Opciones en la anticipación de un estímulo.
  - o Variaciones parciales del ritmo de una tarea.
  - o Adaptación alternada de la tarea a un ritmo.
  - o Ajuste de una misma tarea a distintos ritmos.
  - o Creación de alternativas rítmicas.
- Variaciones y combinaciones de actividades:
  - o En la posición inicial y en la ejecución de la actividad.
  - o En la dinámica del movimiento.
  - o En las condiciones exteriores.
  - o En la estructura espacial del gesto.
  - o En la captación de información.
  - o Combinaciones de habilidades gestuales.
  - o Juegos con adversarios.

d) **Consideraciones metodológicas. Recursos.**

- No olvidamos la importancia de los **aprendizajes previos**.
- Las actividades debemos aplicarlas bajo formas simples dirigidas hasta las propias exploradas y descubiertas por ellas y ellos.
- En los primeros momentos el movimiento debe ser **simple** y de velocidad **lenta** hasta que se fijen engrama y patrón motor.
- Utilizar propuestas para la investigación: ¿de cuántas formas eres capaz de...?, ¿cómo puedes avanzar más rápidamente con tres apoyos sobre el suelo?, etc.
- En el desarrollo de la coordinación óculo-segmentaria debemos incorporar toda clase de móviles: globos, picas, pelotas, bolsitas de granos, cuerdas, aros, etc. y que requieren además una destreza en su manejo, un cálculo de sus posibles trayectorias y unas colocaciones idóneas en las recepciones y lanzamientos.
- Variar mucho de móvil. Su peso será liviano, sin dureza y con un colorido motivador.
- Los docentes debemos integrarnos en la práctica, ser uno más del grupo.
- Utilizar los tres canales de información de la forma más variada y rica posible.
- Algunas normas prácticas para la intervención educativa, son:
  - o Realizar movimientos en diferentes entornos, con pocas repeticiones.
  - o Evitar los movimientos estereotipados.
  - o Variar continuamente las situaciones del movimiento.

2. EQUILIBRIO. CONCEPTO Y ACTIVIDADES PARA SU DESARROLLO.

2.1. CONCEPTO.

Es uno de los componentes perceptivos específicos de la motricidad. Está ubicado dentro de la dimensión introyectiva de la persona, siendo una capacidad con mayor dominio instintivo, porque viene prefijado genéticamente y se va desarrollando a medida que evolucionamos. Comprende las funciones fundamentales de vigilancia, alerta y atención, haciendo frente a la fuerza gravitacional que actúa continuamente sobre la persona.

La equilibración, que está muy relacionada con el esquema corporal y la función tónica, podemos considerarla como el telón de fondo del equilibrio que, a su vez, nos dará las bases para construir nuestras coordinaciones y domino del espacio. En los humanos se manifiesta por la actitud de la bipedestación y se caracteriza porque se lleva a cabo con el mínimo esfuerzo voluntario (Aragunde, 2000).

Desde un punto de vista **fisiológico**, el sentido del equilibrio está ubicado en el sistema vestibular, situado en el laberinto del hueso temporal.

El equilibrio **también** se incluye en las capacidades coordinativas como componente importante de la coordinación general. Si bien ésta permite hacer un movimiento sincronizado, el equilibrio otorga el mantenimiento de la posición del cuerpo en contra de la ley de la gravedad.

El equilibrio puede ser mejorado por la práctica y juega un papel importante en las actividades motrices y deportivas, a la hora del control corporal y posterior ajuste del movimiento. Las constantes inestabilidades de los movimientos, producidos en el transcurso del juego, y el continuo cambio del centro de gravedad, hacen que el participante deba tener en todo momento consciencia exacta de su posición en el ejercicio para, a partir de ahí, actuar en los movimientos posteriores (Bernal, 2002).

Las diferentes actividades del organismo humano requieren la aptitud para conservar una posición sin moverse (equilibrio estático), o para asegurar el control y el mantenimiento de una posición durante el desplazamiento del cuerpo (equilibrio dinámico). En todos estos casos se trata de conservar el centro de gravedad del cuerpo en el interior del cuadrilátero de sustentación, siempre luchando contra la gravedad (López y Garoz, 2004).

Para el equilibrio estático las fuerzas que se ejercen sobre el cuerpo tienen una resultante nula: los músculos antagonistas intervienen de tal manera que no crean más que un mínimo de oscilaciones del cuerpo.

En el equilibrio dinámico la masa del cuerpo se reparte de manera variable en cada instante sobre el punto de apoyo, lo que provoca una variación de fuerzas. La actividad muscular cambia continuamente para mantener la orientación postural global y reestablecerla cuando la perturbación llega a ser demasiado importante.

A cada movimiento que se realiza con una parte del cuerpo, le sigue otro **compensatorio**, inconsciente, que mantiene la estabilidad. Por ejemplo, en el salto para golpear un balón de cabeza, se suceden las posiciones de equilibrio y desequilibrio, y de la correcta coordinación de ambas acciones resultará un salto armónico y controlado. De ahí que el equilibrio también puede ser entendido como una recuperación constante de situaciones desequilibradas (Bernal, 2002).

Por otro lado, el alumnado con equilibrio deficiente tendrá una serie de defectos:

- Rigidez general, tensión. Movimientos bruscos, intempestivos, excesivamente amplios.
- Mala recuperación del equilibrio perdido y muy mal equilibrio con el pie no dominante.
- Mirada demasiado móvil, poca concentración, inatención. Miedo al vacío, vértigo.

En cuanto a las definiciones, exponemos las de los autores más significativos:

- **Contreras**, (2004). "*Capacidad de mantener una o más posturas, o de recuperarlas una vez perdidas, en contra de cuantas fuerzas exógenas puedan incidir sobre el cuerpo*".
- **Fernández García** -coor.- (2002). "*Capacidad para asumir y sostener cualquier parte del cuerpo contra le ley de la gravedad*".
- **López y Garoz** (2004). "*Es la capacidad de mantener la proyección vertical del centro de gravedad dentro de la base de sustentación del cuerpo*".
- **Torres**, (2005). "*Habilidad para mantener el cuerpo compensado, tanto en posiciones estáticas como dinámicas*".

2.2. CLASIFICACIÓN.

El análisis de las exigencias de equilibración lleva a Castañer y Camerino (1993) a distinguir varias situaciones y grados de la misma:

- Equilibrio **reflejo** (de tipo estático-postural).
- Equilibrio **automático** (implícito en los movimientos voluntarios y cotidianos).
- Equilibrio **voluntario**, realizado en los ejercicios programados.

Ya, en el campo de la **educación físico-deportiva** y de acuerdo con las distintas situaciones en que se manifiesta el equilibrio, la mayoría de autores establecen dos grupos (Rigal, 2006):

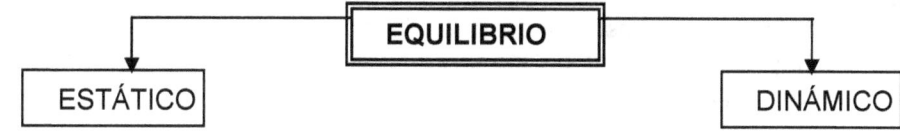

a) **Equilibrio Estático**.

Castañer y Camerino (1993), lo definen como "*el proceso perceptivo-motor que busca un ajuste de la postura antigravitatoria y una información sensorial exteroceptiva y propioceptiva cuando el sujeto no imprime una locomoción corporal*".

Lo podemos considerar como la facultad del individuo para mantener el cuerpo en posición erguida sin desplazarse. Dentro de este tipo podemos considerar el equilibrio **postural**, en el cual el sujeto trata de mantener su posición erecta gracias a los reflejos de enderezamiento, laberínticos, ópticos, táctiles, los reflejos de actitud, etc. En todos ellos, el aumento del tono de sostén de los flexores y extensores permitirá que el cuerpo mantenga su equilibrio contra la acción de la gravedad. Por ejemplo, el portero de fútbol ante el lanzamiento de un golpe franco.

b) **Equilibrio Dinámico**.

Castañer y Camerino (1993) lo definen como "*cuando el centro de gravedad sale de la verticalidad corporal para realizar un desplazamiento y, tras una acción reequilibradora, regresa a la base de sustentación*".

Es más complejo que el estático porque el practicante se ve condicionado por los aspectos externos que constantemente actúan sobre él (acciones de compañeros y contrarios, móvil, etc.) y preverlas, para iniciar los movimientos compensatorios incluso antes de que comiencen a influir.

La mecánica de los procesos de equilibración la describen López y Garoz (2004), así:

- Los receptores sensoriales perciben un desequilibrio causado por el movimiento corporal o por factores externos.
- A partir de esta información, el S. N. ordena una gama de reacciones reequilibradoras encaminadas al mantenimiento del equilibrio perdido.

Lo que está claro es que cualquier movimiento requiere un desequilibrio inicial que rompe el primitivo. Tras el desequilibrio, el reequilibrio hace recuperar la estabilidad.

También podemos señalar al llamado "equilibrio en **suspensión**" como una **variación** del dinámico. Se produce cuando, a través de una impulsión previa, nos encontramos en el aire y es necesario mantener el cuerpo en una posición estable y biomecánicamente buena, para evitar el desequilibrio antes de la caída. Este tipo de equilibrio es muy importante en el deportista ya que muchas veces es necesario mantener en el aire un dominio corporal para salir airoso de la situación. Por ejemplo, remate en voleibol, tiro en baloncesto, etc. Una vez el cuerpo ha establecido contacto con el suelo a través de los pies, se produce el inicio de la siguiente acción (Bernal, 2002)

Por otro lado, Gil Madrona (2003), señala -citando a otros autores como Giraldes y Fernández Iriarte-, al equilibrio **post-movimiento** (mantener una actitud equilibrada en posición estática después de un movimiento) y al equilibrio con **objetos** (cuando hay que mantener de forma estática o dinámica un determinado objeto sin que este se caiga).

2.3. PROCESO EVOLUTIVO.

El dominio del equilibrio estático comienza hacia **el año**, cuando el bebé se queda en pie, solo, sin ayuda. La evolución del equilibrio está muy unida al desarrollo general y a las experiencias motrices que haya tenido. Su control se traduce en una habilidad mayor del actuante en todas las actividades que requieren un desplazamiento del cuerpo o del mantenimiento de una posición (Bueno, Del Valle y De la Vega, 2011).

Como fases **sensibles** para su mejora, Martin (1982), citado por Hahn (1988) indica los 9-13 años, con incidencia superior entre los 10-12 años, ya que es cuando se produce la maduración de las áreas cerebrales relacionadas con la motricidad, si bien no todos los autores están de acuerdo. Otros bajan esa edad a los 5 años, y como ejemplo demostrativo destacan el nivel alcanzado por las niñas y los niños que hacen Gimnasia Artística y Rítmica. En cualquier caso, su nivel va muy ligado a la cantidad de experiencias motrices realizadas durante las edades tempranas.

No obstante, indicamos que existen discrepancias que ponen de manifiesto autores como Castañer y Camerino (1993), en cuanto a la posibilidad de su mejora, porque creen que es una capacidad escasamente entrenable debido a su estrecha dependencia con el funcionamiento nervioso. Consideran que sí se puede optimizar en edades evolutivas en las que el sistema nervioso central presenta plasticidad.

Después de los 14 años se registran deterioros importantes en sujetos no entrenados, estabilizándose en los entrenados.

A partir de los 30 años, los resultados que valoran el equilibrio, decaen motivado por la incipiente regresión de la funcionalidad del sistema nervioso. El trabajo específico sobre esta cualidad permitirá controlar su involución, ya que hará mantener activos los circuitos nerviosos de control.

2.4. FACTORES QUE INFLUYEN.

Siguiendo a Bernal (2002) y a Desrosiers y Tousignant (2005), lo enfocamos a través de **cuatro** grupos:

a) **Factores Sensoriales**.

Se encuentran en el interior del organismo. Informan de su posición y estado a través del S. N. Podemos destacar a:

- Órganos del oído:
  - Conductos semicirculares: endolinfa.
  - Aparato vestibular: laberinto, utrículo y sáculo.
- Órganos de la visión.
- Órganos propioceptivos:
  - Huso muscular.
  - Órgano tendinoso de Golgi.
  - Corpúsculos de Pacini.

b) **Factores Biomecánicos**.

Son externos e internos y atañen a la relación entre el cuerpo y la actividad física que realiza. Resaltamos a:

- Altura del centro de gravedad y su posición.
- Dimensión de la base de sustentación y si la base es movible o no.
- Altura y masa o peso corporal, las características físicas.
- Que la vertical del centro de gravedad caiga dentro de la base de sustentación.

- Que las resultantes de la línea de gravedad (cada miembro tiene su centro de gravedad) estén dentro de la línea total de gravedad.
- La actividad física a realizar, cada una es distinta y produce unos cambios de dirección y de velocidad específicos, así como la postura a mantener.
- Calidad y estado de los órganos sensoriales.

c) **Reflejos**.

- Actúan de modo automático con la aparición del estímulo. Por ejemplo, apretar los dedos de los pies contra el suelo al desequilibrarse hacia delante.

d) **Experiencia**.

- Hace referencia a los aprendizajes previos de patrones motores. En este caso el equilibrio está automatizado y cuesta menos esfuerzo, aumentando la rapidez del gesto.

2.5. EVALUACIÓN.

Desde hace mucho tiempo se ha venido aplicando pruebas para intentar evaluarlo de la forma más objetiva, cuestión que no ha sido fácil. La mayoría de ellas se limitan a la ejecución de un ejercicio, que en realidad implica la realización de una habilidad. Hay que citar, entre las más utilizadas con aplicación escolar, a las siguientes:

- Test de "Iowa Brace Test". Situarse apoyado sobre un pie, con brazos extendidos arriba-adelante. Se balancea el tronco adelante al tiempo que se eleva por detrás la pierna libre, hasta que ambos queden paralelos al suelo. La vista se mantiene al frente. Se trata de resistir en esta posición durante diez segundos.
- Test de "equilibrio flamenco". Durante un minuto debe mantenerse una posición equilibrada. Hay que ponerse de pie sobre una barra de 3 cm. de ancha, 4 cm. de alta y 50 cm. de larga. Flexionar una rodilla para cogerse el pie con la mano correspondiente y quedarse equilibrado con el otro pie.
- Tradicionalmente hemos venido evaluando el equilibrio dinámico observando al escolar andar sobre un banco sueco de dos metros de largo. En caso de no tener dificultad, el banco lo giramos para que ande sobre la barra. Se observa la habilidad que tiene para recorrer esos dos metros de ida y los otros dos de vuelta, puntuando entre cero y diez. Esta es fácil de realizar pero tiene el inconveniente de la subjetividad en su medición.

2.6. ACTIVIDADES PARA SU DESARROLLO.

Las actividades pueden ser de equilibrio estático y dinámico y normalmente van ligadas a las propias de coordinación. Siguiendo a Trigueros y Rivera (1991), Kosel y Hecker (1996), Chinchilla y Alonso (1998), Campo (2000), Romero Cerezo (2000), Bernal (2002), Desrosiers y Tousignant (2005), León (2006), Rosillo (2010), Bueno, Del Valle y De la Vega (2011), destacamos:

a) Actividades de Equilibrio Estático.

- Progresar de estados más estáticos a otras más dinámicos. Por ejemplo, desde sentado, tendido, de pie con apoyo de uno o dos pies, etc.
- Mantener el equilibrio con un solo pie. Apoyo de punta, talón, parte interna o externa.
- De pie y con piernas abiertas, mover los brazos, pero guardando el equilibrio.
- Variante del anterior, pero ahora es un miembro inferior el que se mueve y balancea.

b) Actividades de Equilibrio Dinámico.

- Sobre posiciones variadas ir disminuyendo progresivamente la base de sustentación.
- Andar sobre diversas planchas del tamaño del pie, sobre banco sueco, barra de equilibrio aumentando progresivamente la altura (cambios de altura del C. de G.).
- Pérdida y recuperación voluntaria del equilibrio.
- Saltos simples y desde una altura, tratando de mantener el equilibrio al caer.
- Ejercicios de equilibrio con interiorización (ajuste corporal).
- Control del equilibrio en marcha, carrera y salto con alternancia exagerada de movimientos.
- Mantener el control en el aire ante diversas causas que lo perturban: empuje, salto, etc.
- Llevar objetos sobre la cabeza (bolsitas de granos, conos, etc.)
- Si a lo anterior le añadimos la práctica de ejercicios con los ojos tapados y combinación de los mismos, tendremos unos excelentes recursos para desarrollar el equilibrio.

c) **Metodología y recursos.**

Las consideraciones metodológicas que hacíamos en el análisis de la Coordinación son también válidas para el equilibrio, no olvidemos que la Coordinación es un todo integrable de otras capacidades (equilibrio, percepción, reacción, diferenciación, capacidad de ritmo, de dirección...)

Además, tenderemos en cuenta a las siguientes:

- Concentración en la acción que se ejecuta.
- Relajación, evitando tensiones y contracciones superfluas.
- Reducir la amplitud de movimientos corporales.
- Tomar un punto de referencia visual fijo.
- Alternancia en el trabajo para evitar la fatiga localizada.
- No cambiar de posición sin estar equilibrado previamente.
- Buscar la independencia de movimientos.
- Prevenir los desequilibrios, utilizando movimientos de cadera y cabeza.

Como los recursos materiales más empleados citaremos las líneas pintadas en el suelo, barras de equilibrio, bancos suecos, pelotas, aros, barandas, etc.

CONCLUSIONES

A lo largo del Tema hemos podido ver que las capacidades coordinativas, coordinación y equilibrio, son fundamentales a la hora del aprendizaje de la habilidad motriz. También, cómo el desarrollo previo de unos aspectos perceptivos espaciales, corporales y temporales influyen para tener un cuerpo coordinado y equilibrado. Durante la Etapa Primaria tiene lugar la edad más crítica para su desarrollo, de ahí la importancia que tenemos los especialistas en programar actividades lúdicas que promocionen estas capacidades. Por otro lado, destacar la importancia que tiene en su desarrollo el juego motor realizado durante los tres tiempos pedagógicos.

En la etapa de la Educación Primaria la Educación Física permite a los estudiantes explorar su potencial motor a la vez que desarrollan las competencias motrices básicas. Eso implica movilizar toda una serie de habilidades motrices, actitudes y valores en relación con el cuerpo, a través de situaciones de enseñanza-aprendizaje variadas, en las que la experiencia individual y la colectiva en los diferentes tipos de actividades permitan adaptar la conducta motriz a los diferentes contextos. En esta etapa, la competencia motriz debe permitir comprender su propio cuerpo y sus posibilidades y desarrollar las habilidades motrices básicas en contextos de práctica, que se irán complicando a medida que se progresa en los sucesivos cursos. Las propias actividades y la acción del docente ayudarán a desarrollar la posibilidad de relacionarse con los demás, el respeto, la colaboración, el trabajo en equipo, la resolución de conflictos mediante el diálogo y la asunción de las reglas establecidas, el desarrollo de la iniciativa individual y de hábitos de esfuerzo.

BIBLIOGRAFIA

- AÑÓ, V. CAMPOS, J, MESTRE J. (1982). *La Educación Física Escolar*. Miñón. Valladolid.

- ARAGUNDE, J. L. (2000). *Equilibrio*. En *Fundamentos de la motricidad*. TRIGO, E. (coord.). Gymnos. Madrid.

- BERNAL, J. A. (2002). *Juegos y actividades de equilibrio*. Wanceulen. Sevilla.

- BUENO, M.; DEL VALLE, S.; DE LA VEGA, R. (2011). *Los contenidos perceptivomotrices, las habilidades motrices y la coordinación*. Virtual Sport. Segovia.

- CACHADIÑA, M. P. -coord-. (2006). *Expresión corporal en la clase de Educación Física*. Wanceulen. Sevilla.

- CAMPO, G. E. (2000). *El Juego en la Educación Física Básica*. Kinesis. Armenia. Colombia.

- CAÑIZARES, J. Mª. (2001). F*ichas para el entrenamiento físico del jugador de fútbol: Coordinación y Equilibrio"*. Wanceulen. Sevilla.

- CAÑIZARES, J. Mª. (2004). "*Entrenamiento Deportivo*". En VV. AA. "*Técnico deportivo de Fútbol. Bloque Común. Nivel 1*". C.E.D.I.F.A. Sevilla.

- CASTAÑER M., y CAMERINO O. (1993). *La conciencia corporal.* En VVAA. Fundamentos de la educación física para la enseñanza primaria. INDE. Barcelona.

- CHINCHILLA, J. L. Y ALONSO, J. (1998). *Educación Física Primaria-1*. CCS. Madrid.

- CONDE, J. L. y VICIANA, V. (2001). *"Fundamentos para el desarrollo de la motricidad en edades tempranas"*. Aljibe. Málaga.

- CONTRERAS, O. (2004). *Didáctica de la Educación Física*. INDE. Barcelona.

- DESROSIERS, P. y TOUSIGNANT, M. (2005). *Psicomotricidad en el aula*. INDE. Barcelona.

- FERNÁNDEZ GARCÍA, E. -coord.- (2002). *Didáctica de la educación física en la educación primaria*. Síntesis. Madrid.

- GIL MADRONA, P. (2003). *Desarrollo psicomotor en Educación Infantil*. Wanceulen. Sevilla.

- GUTIÉRREZ, M. (2004). *Aprendizaje y desarrollo motor*. Fondo Editorial Fundación San Pablo Andalucía (CEU). Sevilla.

- HAHN, E. (1988). *Entrenamiento con niños*. Martínez Roca. Barcelona.

- JUNTA DE ANDALUCÍA (2007). *Ley 17/2007, de 10 de diciembre, de Educación en Andalucía*. (L. E. A.) B.O.J.A. nº 252, de 26/12/2007.

- JUNTA DE ANDALUCÍA (2010). *Decreto 328/2010, por el que se aprueba el Reglamento Orgánico de las escuelas infantiles de segundo grado, de los colegios de educación infantil y primaria, de los colegios de educación primaria, y de los centros públicos específicos de educación especial*. BOJA nº 139, de 16/07/2010.

- JUNTA DE ANDALUCÍA (2015). *Decreto 97/2015, de 3 de marzo, por el que se establece la ordenación y el currículo de la educación Primaria en la comunidad Autónoma de Andalucía*. BOJA nº 50 de 13/03/2015.

- JUNTA DE ANDALUCÍA (2015). *Orden de 17 de marzo de 2015, por la que se desarrolla el currículo correspondiente a la educación Primaria en Andalucía*. BOJA nº 60 de 27/03/2015.

- JUNTA DE ANDALUCÍA (2015). *Orden de 04 de noviembre de 2015, por la que se establece la ordenación de la evaluación del proceso de aprendizaje del alumnado de educación primaria en la Comunidad Autónoma de Andalucía*. B.O.J.A. nº 230, de 26/11/2015.

- KOSEL, A. y HECKER, G. (1996). *Fichas de actividades gimnásticas. La coordinación motriz*. Hispano Europea. Barcelona.

- LE BOULCH, J. (1986). *Educación por el movimiento en la edad escolar*. Paidós. Barcelona.

- LEÓN, J. A. (2006). *Teoría y Práctica del Entrenamiento. Deportivo. Nivel 1 y 2*. Wanceulen. Sevilla.

- LÓPEZ, C. y GAROZ, I. (2004). *Evaluación de las capacidades coordinativas*. En HERNÁNDEZ, J. L. y VELÁZQUEZ, R. (Coor.) *La evaluación en Educación Física*. Graó. Barcelona.

- LORA RISCO, L. (1991). *La educación corporal*. Paidotribo. Barcelona.

- LOS SANTOS, C. (2004). *Preparación física. Teoría, aplicaciones y metodología práctica*. Wanceulen. Sevilla.

- M. E. C. (2006). *Ley Orgánica de Educación (L.O.E.) 2/2006, de 3 de mayo, de Educación*. B. O. E. nº 106, de 04/05/2006, modificada en determinados artículos por la LOMCE/2013.
- M. E. C. (2013). *Ley Orgánica 8/2013, de 9 de diciembre, para la mejora de la calidad educativa*. (LOMCE). B. O. E. nº 295, de 10/12/2013.
- M. E. C. (2014). *Real Decreto 126/2014, de 28 de febrero, por el que se establece el currículo básico de la Educación Primaria*. B. O. E. nº 52, de 01/03/2014.
- M.E.C. (2015). *Orden ECD/65/2015, de 21 de enero, por la que se describen las relaciones entre las competencias, los contenidos y los criterios de evaluación de la educación primaria, la educación secundaria obligatoria y el bachillerato*. B.O.E. nº 25, de 29/01/2015.
- MEINEL, K. y SCHNABEL, G. (1988) *Teoría del movimiento. Síntesis de una teoría de la motricidad deportiva bajo el aspecto pedagógico*. Stadium. Buenos. Aires.
- MORENTE, A. (2005). *Ejercicio físico en niños y jóvenes: programas de actividad física según niveles de condición biológica*. En GUILLÉN, M. -coord.- *El ejercicio físico como alternativa terapéutica para la salud*. Wanceulen. Sevilla.
- RIGAL, R. (2006). *Educación motriz y educación psicomotriz en Preescolar y Primaria*. INDE. Barcelona.
- RIVADENEYRA, M. L. (Coord.) (2003). *Desarrollo de la motricidad*. Wanceulen. Sevilla.
- ROMERO CEREZO, C. (2000). *Las capacidades perceptivo-motrices y su desarrollo*. En ORTIZ, Mª M. (coord.) *Comunicación y lenguaje corporal*. Proyecto Sur Ediciones. Granada.
- ROSILLO, S. (2010). *Cualidades físicas. Plan educativo de hábitos de vida saludable en la educación*. Procompal. Almería.
- RUIZ PÉREZ, L. M. (2005). *Moverse con dificultad en la Escuela*. Wanceulen. Sevilla.
- TAMARIT, A. (2016). *Desarrollo cognitivo y motor*. Síntesis. Madrid.
- TORRES, M. A. (2005). *"Enciclopedia de la Educación Física y el Deporte"*. Ediciones del Serbal. Barcelona.
- TRIGUEROS, E. y RIVERA, E. (1991). *Educación Física de Base*. CEP Granada y Gioconda. Granada.
- ZAGALAZ, Mª L.; CACHÓN, J.; LARA, A. (2014). *Fundamentos de la programación de Educación Física en Primaria*. Síntesis. Madrid.

WEBGRAFÍA (Consulta en octubre de 2015).

http://recursos.cnice.mec.es/edfisica/
http://www.adideandalucia.es
http://recursos.cnice.mec.es/edfisica/
http://www.ite.educacion.es/es/recursos
http://www.educarm.es/admin/recursosEducativos#nogo
http://www.guiaderecursos.com/webseducativas.php
http://recursostic.educacion.es/primaria/ludos/web/index.html
www.juntadeandalucia.es/educacion/descargasrecursos/curriculo-primaria/index.html